BELISARIO

GAËTAN DORÉMUS

traducción de Jerónimo Rajchenberg

LOS PRIMERÍSIMOS

Primera edición en francés, 2001
Primera edición en español, 2004
    Quinta reimpresión,   2016

Dorémus, Gaëtan
    Belisario / Gaëtan Dorémus ; trad. de Jerónimo Rajchenberg.
— México : FCE, 2004
    40 p. : ilus. ; 22 x 17 cm — (Colec. Los Primerísimos)
    Título original: Bélisaire
    ISBN 978-968-16-7308-6

    1. Literatura infantil I. Rajchenberg, Jerónimo, tr. II. Ser
III. t

LC PZ7   Dewey 808.068 D445b

Distribución mundial

© 2001, Éditions du Seuil, Francia
Título original: Bélisaire

D. R. © 2004, Fondo de Cultura Económica
Carretera Picacho Ajusco, 227; 14738 México, D. F.
www.fondodeculturaeconomica.com
Empresa certificada ISO 9001:2008

Editora: Andrea Fuentes
Dirección artística: Mauricio Gómez Morin
Diseño: Francisco Ibarra Meza y Eliete Martin del Campo
Traducción: Jerónimo Rajchenberg

Comentarios: librosparaninos@fondodeculturaeconomica.com
Tel.: (55)5449-1871

ISBN 978-968-16-7308-6

Impreso en México • Printed in México

Para Ancelin, Émilie, Aline, Ghislan y Adeline

A mí, como a todos los niños,
me tocaba ir a comprar el pan.

El panadero se llamaba Belisario.

Era un tigre, un tigre-panadero.

Todo el pueblo compraba el pan que hacía Belisario.

Todo el pueblo adoraba a Belisario, sobre todo
nosotros, los niños, ¡porque siempre nos daba dulces!

Una noche por semana, todo el pueblo
iba al espectáculo.
Al espectáculo de *Belisario*,
que se disfrazaba y contaba historias
que nos llevaban muuy lejos.

Una noche, como de costumbre, Belisario hizo su gran
entrada. Hizo su gran entrada, todo rayado, ¡sin disfraz!
Rayado como un tigre, contó una historia divertida.
Pero nadie se rio, todo el mundo se fue a su casa.

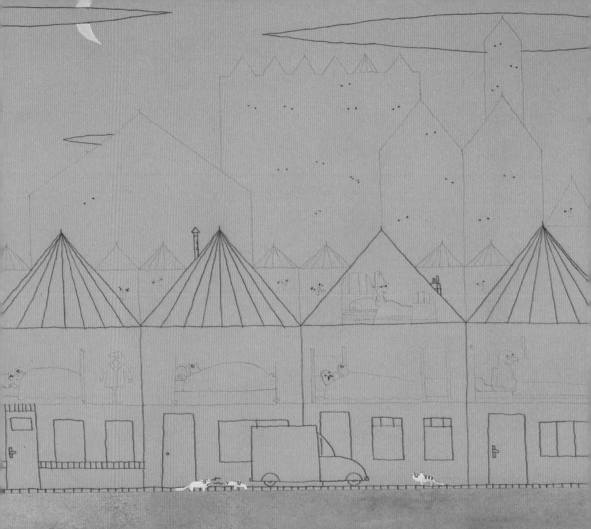

Y es que Belisario, sin ropa, con sus rayas, no se parece
a un hombre. Es normal, no es un hombre.

Desde esa noche nadie pudo dormir. Todo el pueblo
se dio cuenta de que Belisario era un tigre.

Y un tigre que se viste, que cuenta cuentos y que, incluso,
es panadero, sigue siendo un tigre.

Al día siguiente,
ningún niño tuvo permiso
para ir a comprar pan.
Es más, nadie pasaba
cerca de la panadería.

¡Y sus ojos brillan de manera extraña!
¡El carnicero me dijo que compra no menos de seis bisteces por día!
La otra vez... lo hubieran visto reír, ¡tiene los dientes como cuchillo de carne!

Es evidente, i y un fiera us y

El presidente municipal llamó al concejo a una reunión urgente.

Hay que investigar
si hay algo
humano dentro
de su cabeza...

¡O si es
simplemente
un tigre!

¿Y si fuera un hombre encerrado en el cuerpo de un tigre?

Hay que ser razonables, sea lo que sea que encierre ese tigre, hay que encerrarlo.

Y Belisario fue puesto tras las rejas, en una jaula,
no en la prisión. La prisión es para los hombres.

En el pueblo ya no hubo más pan.

Me acuerdo que nosotros le hablábamos a Belisario,
pero él ya no hablaba, sólo lloraba gruesas lágrimas,
y las lágrimas de un tigre ¡son realmente gruesas!

¡Te trajimos unos dulces!

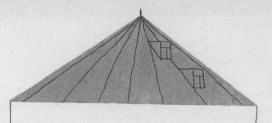

Les decíamos a nuestros papás: "Si llora es porque no es malo". Pero eso no cambió las cosas; entonces nosotros, los niños, subimos al desván, nos pusimos un poco de pintura y decidimos poner manos a la obra.

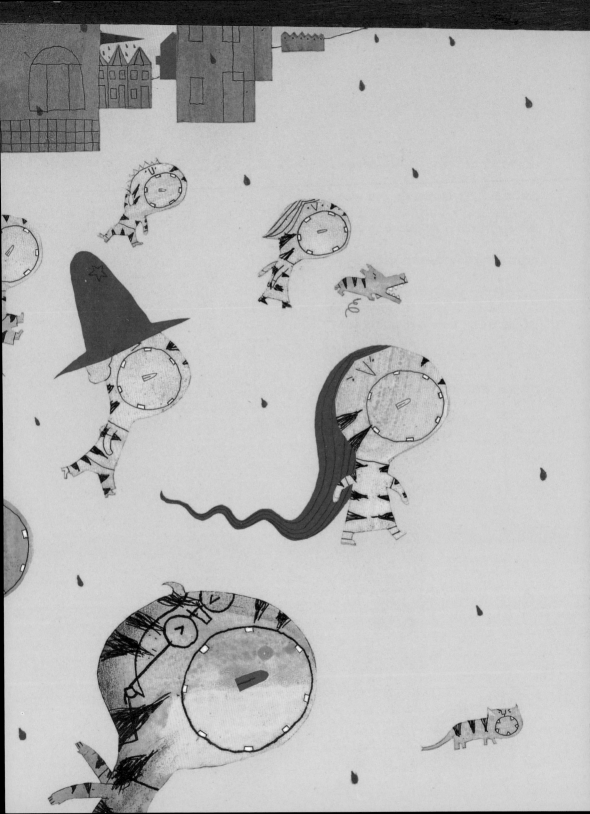

Y ASÍ, ¿SEGUIMOS SIENDO SUS HIJOS?

Toda la gente del pueblo, llena de vergüenza, vio que nosotros, los niños rayados, seguíamos siendo sus hijos. El presidente municipal nos dio la llave de la jaula y Belisario fue liberado. Todo el pueblo le pidió perdón.

Poco a poco, Belisario volvió a ser el mismo de antes, volvió a hacer un pan muy rico y nos volvió a contar un montón de historias.

Historias que ahora me toca a mí contar.

Después mis papás se mudaron, y yo con ellos.

Nunca más volví a saber qué fue de él... si murió a los diecinueve años como casi todos los tigres...

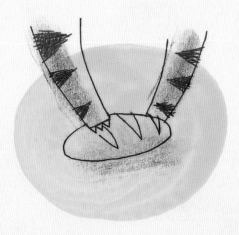

Pero en honor a Belisario, muchos panes tienen marcas en el lomo, que parecen zarpazos de tigre.

Belisario, de Gaëtan Dorémus,
se terminó de imprimir y encuadernar en enero de 2016
en Impresora y Encuadernadora Progreso, S.A. de C.V. (IEPSA),
calzada San Lorenzo, 244; 09830 México, D.F.
El tiraje fue de 2 300 ejemplares.